LE ROI ET LE PEUPLE AUX MINISTRES.

PAR FONTANA.

> Le seul paratonnerre qui puisse garantir un Prince de la foudre politique, est l'amour de ses peuples.

Paris.

CHEZ LES PRINCIPAUX LIBRAIRES.

1830.

IMPRIMERIE DE DAVID,
BOULEVART POISSONNIÈRE, N° 4 *bis*.

LE ROI

ET LE PEUPLE.

Le Roi et le Peuple présentent à la méditation des ministres le tableau suivant :

Dans le court espace de 42 ans, six trônes se sont écroulés en France ;

En 1789, le trône de la féodalité,

1792, le trône des intrigues de Pilnitz,

1814, le trône impérial militaire,

1815 (mars), le trône royal des voltigeurs,

1815 (juillet), le trône impérial de l'acte additionnel,

1830, le trône de l'hypocrisie et de la sottise.

Plus, quatre gouvernemens démocratiques.

Tous ces changemens ont retenti de *vivat*, d'acclamations d'un peuple généreux et confiant, toujours trompé dans ses espérances.

Toutes ces révolutions ont été produites par des ministres qui ont toujours voulu ne reconnaître dans le peuple que des sujets, jamais des citoyens.

Les 27, 28, 29 juillet, le peuple ne *voulut plus être sujet, et, en citoyen, il défendit* sa propre cause et terrassa tout l'attirail d'un roi qui ne voulait que des sujets, et qui était indigne d'être le premier magistrat de trente-deux millions de citoyens.

Le 8 août, le peuple reconnut un onzième gouvernement, un septième trône. Le peuple, dès ce moment, oublia tous ses maux, et salua avec enthousiasme Louis-Philippe Ier, roi des Français.

Ce bon et grand peuple fait plus. Il reconnaît dans le nouveau monarque les qualités qu'il *espérait trouver* dans un grand roi, lui donne sa confiance, le rend dépositaire de ses hautes destinées, et il se croit déjà au comble du bonheur.

Il existe des flatteurs en France; mais la nation ne flatte pas et rend justice au duc d'Orléans, aujourd'hui roi, et à toute *sa belle et intéressante famille. Les antécédens ne peuvent pas la regarder.* La nation sait que Louis-Philippe n'a pas *ambitionné la couronne*, qu'il est bon père, bon époux et bon citoyen, l'ami de l'ordre. *Il soulage avec noblesse les malheureux*; il n'oublie pas l'homme de lettres et l'artiste; il aime l'ouvrier et entretient le travail : aussi, les arts, les sciences, l'industrie, l'humanité, lui rendent hommage.

Il est dans l'intérêt du peuple que ces belles qualités s'aggrandissent sous le diadême, et pour que rien ne s'y oppose, il faut que les économistes et les écrivains indépendans, *tribuns nés du peuple*, *harcèlent les ministres qui veulent des sujets et non des citoyens.*

L'homme d'état voit l'immense distance qui existe entre le simple particulier, agissant par lui-même, et le roi, qui est forcé de s'en rapporter à des ministres, à des courtisans qui ont intérêt à isoler le trône, pour que la vérité ne parvienne pas jusqu'au monarque.

Il se demande : Ce septième trône sera-t-il le

trône du peuple ? La France aura-t-elle une monarchie nationale, ou encore une monarchie politique ?

On sait que dans l'état social qui découle de l'ordre naturel *rien n'est stable*, *légal et légitime*, que ce qui est dans l'intérêt général de la nation.

La force nationale, l'opinion publique ayant reconnu Louis-Philippe Ier légal et légitime roi des Français, le monarque doit partir de ce principe, que le trône qu'il occupe n'a rien de commun avec celui de ses ancêtres ; et, depuis le 29 juillet, tout ce qui avait rapport à l'ancienne administration gubernative a cessé, de droit et de fait.

Le peuple qui a conquis la liberté a le droit d'*exiger* que le pouvoir exécutif resserre le mécanisme administratif au *seul strict nécessaire*, pour que la justice, sauve-garde de la nation, n'arrête pas son cours ; et en attendant la nouvelle réunion des chambres, n'accorde *que des traitemens provisoires aux seuls fonctionnaires indispensables*, pour faire marcher le service.

On abuse de la bonté du peuple : il a changé de roi, de dynastie, de ministres, de fonctionnaires ; mais tout l'attirail ruineux qui a entraîné la chûte de dix gouvernemens est resté intact.

Grâce à quelques ministres, à dater du 29 juillet, il faudra quatre mois au peuple souffrant pour savoir s'il pourra ressentir quelques avantages de la révolution, et c'est *encore un problême* si ces ministres seconderont les vues bienfaisantes d'un roi *qui ne veut pas oublier qu'il est citoyen et père du peuple.*

Des ministres qui sont à bonne table se soucient peu que le peuple ait du pain ou non. Ces ministres ne connaissent pas la grande maxime qui était la base de l'administration de *Marie-Thérèse et de Joseph II* : *Le peuple avant tout, les riches se tirent toujours d'affaire.*

En France, *c'est à force d'augmenter le nombre des malheureux* qu'on alimente *la morgue et la vénalité de l'aristocratie, de la bureaucratie et du haut clergé.*

Le refrain de quelques ministres est le même que celui de leurs prédécesseurs : *Donnez-nous le temps* ; et tout à leur aise, avec quelques palliatifs, ils croient affermir la monarchie et se rendre invulnérables.

Il y a trois mois, on croyait une révolution impossible, car le mot révolution effrayait tout le monde ; e t la révolution s'est opérée.

Ce ne sont ni les carbonari, ni les philosophes, ni les ambitions déçues qui l'ont faite ! Ce fut le peuple qui se souleva, parce qu'il craignait de manquer de travail et de pain.

Les causes qui ont amené la révolution sont permanentes. Ceux qui ne voulaient pas de la révolution croyent aujourd'hui impossible la république ; ils disent encore : *le mot république épouvante toute la France et l'Europe,* et ils ne voyent pas que la république *a jeté de larges fondations* les 27, 28 et 29 juillet.

Le grand drame de juillet n'a été qu'une révolution d'indignation et de prévoyance.

Il est indispensable d'*en arrêter promptement les mouvemens*, car il se prépare *une terrible* révolution de principes.

Les hommes de bien, qui ont à perdre, ont un intérêt à tout conserver, et doivent par conséquent se réunir et se grouper autour du trône, démasquer les hypocrites, *et forcer les ministres à devenir peuple, rien que peuple*, seul moyen de sauver et consolider la monarchie nationale ; autrement rien ne pourra empêcher qu'une masse de peuple ne devienne roi despote.

Tout état qui est gouverné dans l'intérêt du peuple, quelle que puisse être la forme du gouvernement, est une république ; mais vouloir commencer par proclamer la souveraineté du peuple, sans considérer qu'il existe parmi le peuple une grande masse qui, quoique productive, ayant trop peu à perdre et tout à gagner dans les troubles, devient entreprenante et ne respecte plus nile s propriétés ni les personnes, c'est donner à ce roi féroce le droit de tout renverser, tout détruire, et l'inexorable mort sera le pouvoir exécutif de ce peuple souverain.

Je suis peuple, je m'honore de faire partie du peuple industriel, je suis utile à l'État, je me crois au-dessus de tous ces êtres *sans mérite qui se disent l'élite de la nation, la haute société*, parce qu'ils sont parés de noms et de titres pompeux qui, dans le fond, ne son que des grands mots vides de sens.

Malgré tous ces avantages que l'ordre social me donne, je suis loin de partager l'opinion de certains brouillons politiques qui prétendent que le peuple est parvenu à un degré de maturité et de civilisation tel qu'il puisse se gouverner par lui-même.

Ils vous disent : Avez-vous vu le peuple, les 27, 28 et 29 juillet ?... Oui ! je rends justice *à mes frères* ; mais le 29 au soir et le 30, tous les bons citoyens *ont senti la nécessité de former une masse imposante pour assurer la modération* qui a couronné la victoire, et qui fera l'admiration de tous les siècles.

Si les ministres qui sont au pouvoir avaient médité sur la grande révolution populaire et les conséquences qui en doivent résulter, ils se seraient empressés de réparer promptement les maux que l'ancien gouvernement a occasionnés au peuple.

Qu'a-t-il gagné, le peuple, dans cette révolution ?... Il a changé de maîtres !... et il a empiré ses maux. Trois mois se sont écoulés, et le gouvernement n'a rien fait pour le peuple : pourtant c'est le peuple seul qui peut affermir le trône et délivrer le gouvernement de tous les embarras, exigeances et trames de ceux qui ont intérêt à augmenter le mécontentement pour amener des troubles, et s'opposer aux institutions qui sont indispensables pour consolider une monarchie nationale.

Le peuple rend justice à Louis-Philippe Ier. Il est persuadé que le Roi-Citoyen a des vues bienfaisantes ; il désire améliorer promptement le sort de la nation, qui, depuis long-temps, se trouve comprimée. Mais une partie du peuple, qui manque du nécessaire, ne peut pas se nourrir de bonnes intentions ; et en attendant que les ministres les réalisent, le peuple est forcé de fournir un grand superflu aux fonctionnaires, aux évêques, aux pairs, aux conseillers-d'état, à la police, et surtout aux ministres qui, aujourd'hui, composent le conseil de la couronne ; et le tout, comme s'il n'y avait jamais eu de révolution.

Des ministres oublient le peuple, parce qu'ils se sont créé des entraves : à l'intérieur, ils luttent entre les convenances, les égards, les exigeances et les craintes de déplaire à tels hommes, à tels partis, à telles opinions.

A l'extérieur, ils veulent ménager les puissances, au lieu de suivre la politique de Canning et de se mettre à la tête des peuples, et contraindre leurs gouvernemens à devenir populaires.

La conséquence de la fausse route que s'est tracée le ministère, c'est que, ne pouvant satisfaire toutes les exigeances, on l'accuse d'impopularité, et les puissances étrangères resserrent leurs liens, pour tirer parti de la grande faute du conseil de Louis-Philippe de ne pas suivre l'impulsion du peuple.

Il paraît que les caméléons à grands titres se tiennent derrière le rideau, pour mieux diriger à leur gré les ministres, qu'ils sont parvenus jusques à faire placer dans ces ministères leurs anciennes créatures, des hommes tarés, vénals, dépourvus de toutes considération, *qui sont encore dégouttans du sang qu'ils ont fait répandre aux martyrs de la liberté.*

Oui! des monstres qui ont soldé les Sourdon, les Chelletien, les Gorno, les Grimaldi, et autres agens provocateurs, occupent aujourd'hui des places très-importantes.

Il n'est pas du tout extraordinaire qu'on soit parvenu à tromper la religion d'une grande masse de citoyens qui souffrent, ou qui craignent de souffrir, en leur faisant croire que la gêne du commerce, le manque de travail, la misère qui ronge la classe ouvrière, le malaise général qui gagne toute la nation, sont dus aux craintes qu'inspirent les sociétés patriotiques.

Une telle assertion est le coup de canon de détresse du ministère : que le conseil de la couronne soit l'ami du peuple, toutes les sociétés secrètes et publiques ne trouveront plus de partisans.

A l'exception de quelques individus, le peuple ne voit dans le gouvernement qu'une coterie dite constitutionnelle, qui s'est constituée en aristocratie burocratique, assez puissante pour inspirer à la nation des craintes fondées, et trop faible pour arrêter des grands mouvemens populaires et les vues hostiles des mécontens.

Faut-il s'étonner *si la démocratie coule ouvertement à plein bord?* et le peuple qui souffre en grossira le torrent.

Parmi le peuple, il existe des hommes clairvoyans; ils sentent la nécessité d'arrêter cette tendance du ministère à l'ancien *statu-quo*, d'imposer silence par l'entremise de ses magistrats, qui puisent leurs armes dans les arsenaux de l'absolutisme.

Comment le peuple pourra-t-il faire parvenir au Monarque-Citoyen ses doléances? Comment le Roi, quoique populaire, pourra-t-il connaître la vérité? Seront-ce ces ministres immobiles, parce que leurs subalternes, soit à dessein ou faute de connaissances, laissent leurs patrons dans l'ignorance? Seront-ce les courtisans qui ont un intérêt à isoler le trône?

Que penserait le Roi, quel jugement porterait la nation, que dirait *un ministre, s'il savait que de son cabinet* on a tout récemment repoussé des notes de la plus haute importance pour la tranquillité publique? On a fait plus, on a cherché à humilier l'industriel à qui on les avait demandées.

Il est vrai; ces notes ne pouvaient pas être en harmonie avec les intérêts de ces hommes qui, pendant toute leur vie politique, avaient à profiter des désordres, des crimes et de l'infraction des lois. (1)

(1) Ces notes seront publiées.

Le peuple reconnaît individuellement dans chaque ministre des talens, du patriotisme et des vues élevées. Mais plusieurs manquent de ces hautes connaissances administratives et financières que la seule longue expérience peut donner, et qui sont indispensables pour bien gouverner.

En France, les hommes qui ne paient pas d'une apparence extérieure (souvent bien trompeuse) n'ont point d'accès près du pouvoir.

Pourtant, ceux qui vivent au milieu du peuple, et qui ont une exacte connaissance des causes qui amènent les révolutions et qui occasionnent tant de maux au peuple, pourraient aussi indiquer au gouvernement les moyens convenables pour les soulager, les diminuer et les tarir.

Des ministres, faute des connaissances nécessaires, sont la cause de l'irritation qui gagne le peuple; il y a même de l'aigreur concentrée qui cherche une dilatation, variable d'après les principes que l'on professe. Les uns veulent la république, d'autres un nouveau ministère qui veuille la dissolution des chambres, et une grande masse demande la tête des ex-ministres.

C'est bien malgré nous que, dans l'intérêt de la France et encore plus dans celui de la nouvelle dynastie, nous sommes forcés de publier une grande vérité.

Les ministres de l'intérieur et des finances sont directement les dépositaires des intérêts du peuple (personne ne conteste la probité et le patriotisme de MM. Guizot et Louis), mais leur incapacité est reconnue, elle est à l'ordre du jour : ils n'aiment pas le peuple. Le premier ne peut pas connaître la triste position du peuple, et l'autre est bien encore plus incapable de proposer les modifications qu'exige le *cruel système financier*.

Leur ignorance les oblige à suivre l'ancien *statu quò* routinier, qui *place Louis-Philippe Ier à la tête des consommateurs, et ils en font une tête couronnée* pour leurs intérêts bureaucratiques et de ces vampires qui, en quarante-deux ans, ont amené la chûte de dix gouvernemens.

Ces deux ministres n'ont pas assez de pénétration pour se persuader qu'il n'y a *que l'homme qui se mettra à la tête des producteurs qui pourra se maintenir en France, Roi des Français....* (1)

Les intérêts du peuple doivent être le point central du conseil de la couronne; et, en peu de mots, voyons quelles sont les attributions de chaque ministre.

Celui de l'instruction publique doit s'attacher à améliorer l'éducation du peuple, et à combattre tout ce qui tend à la démoralisation de la classe productive.

Celui de l'intérieur est le contre-maître de deux grands ateliers nationaux, industriels et agricoles. Plus, il doit surveiller afin que des frélons ne dévorent pas les produits des travaux des abeilles productives.

Celui des finances est le caissier qui doit fournir les moyens, pour que les ateliers ne s'arrêtent pas.

Celui des relations extérieures doit chercher à faciliter l'exportation des produits agricoles et industriels, et il doit prendre pour auxiliaires indispensables, les ministres de la guerre et de la marine, pour appuyer les négociations diplomatiques et défendre, au besoin, nos grands ateliers des coalitions et vues hostiles étrangères; parce qu'à *Vienne*, à *Berlin*, à *Saint-Péters-*

(1) Une tête couronnée n'est pas toujours un roi.

bourg, à *Rome*, à *Turin*, etc., etc., il y a des Peyronnet, des Polignac, des Van Maanen, prêts à sacrifier le tout pour le tout.

Celui de la justice, est le dépositaire de la sauve-garde qui protège les travailleurs et les propriétés.

Le peuple est contraint de recourir à la presse pour faire marcher le gouvernement dans l'intérêt général; et, pour le faire sortir promptement de l'apathie, il faut l'attaquer régulièrement, c'est-à-dire, en partant des bases, examiner, par gradation, les défauts de toutes les parties de l'édifice social. Il a de si mauvaises fondations, que de toutes parts il menace ruine.

Il traitera par chapitre séparé :

1° Quelles sont les causes principales qui, en 42 ans, ont renversé six monarchies et quatre gouvernemens démocratiques;

2° Que la justice, l'économie, l'égalité des droits, peuvent seules constituer les bases du gouvernement.

3° Quelle est la difficulté qui existe en France pour établir en principe que, au mérite, à la science, au *patriotisme désintéressé*, appartiennent le maniement des affaires publiques.

4° Prouver que le gouvernement actuel suit encore l'ancien système administratif et financier.

5° En France, *la seule et uniqne attribution* du gouvernement est d'entretenir le travail, pour que le peuple puisse jouir de douceurs qu'il peut se procurer par ses peines, ses sueurs et ses économies.

6° Le peuple prouvera mathématiquement que le *statu-quo* encore en vigueur arrache à l'homme peu fortuné, sur son nécessaire, 16 centimes sur 35.

7° Quels sont les moyens d'entretenir le travail avec

une grande économie pour l'état, et diminuer la population des hospices, des prisons, des bagnes, et extirper la mendicité.

8° Quelles sont les causes qui s'y opposent, et qui donnent une progression croissante à la diminution du travail.

9° Dévoiler les turpitudes du système financier de la caisse d'amortissement, et les coupables condescendances de la chambre des comptes, s'il en existe.

10° Quels sont les impôts qui pèsent directement et injustement sur la classe productive. Si on ne peut pas, par des économies, les supprimer, nous indiquerons quelles sont les matières imposables qui peuvent amener une juste répartition des charges de l'Etat.

11° Quelles sont les réformes urgentes que la France réclame à l'égard des ministres du culte catholique; et mettre au grand jour le serment infâme que les évêques prêtent à l'occasion de leur sacre.

12° On passera en revue, par chapitres séparés, toutes les branches de l'administration.

Ces notes sont dans l'intérêt du roi Louis-Philippe et du peuple, qui désire cimenter une alliance avec le Roi-Citoyen. Elles sont écrites avec indépendance, parce que le peuple productif n'ambitionne ni titres, ni pensions, ni honneurs, ni priviléges; il *demande du travail, rien que du travail*, seul moyen de ramener l'ordre, la tranquillité, la confiance, et assurer à la classe productive des mœurs et du pain.

Les hommes sages et éclairés qui sont intimement convaincus que les maux qui accablent le peuple sont incontestables, voudront encourager cette entreprise, qui tient à de hautes considérations.

www.ingramcontent.com/pod-product-compliance
Ingram Content Group UK Ltd.
Pitfield, Milton Keynes, MK11 3LW, UK
UKHW020414250726
13967UKWH00006B/2636

9 782011 741691